Anne Thiemeyer

Neue tolle Topflappen

Ravensburger Ratgeber
im Urania Verlag

Inhalt

Vom praktischen Küchenhelfer zum dekorativen Schmuckstück

Beinahe in jedem Haushalt gibt es Topflappen, die sich verstecken müssen. Aber die 23 neuen Modelle, die ich Ihnen hier vorstelle, werden garantiert nicht in der Schublade (oder in der Versenkung) verschwinden, sondern gut sichtbar am Haken in Ihrer Küche hängen.

Sie werden jede Menge Motivtopflappen entdecken, vom Pandabären bis zum Marienkäfer, vom Spiegelei bis zum Marmeladenglas. Lassen Sie sich sowohl für die »Superdicken« mit den interessanten Strukturmustern begeistern als auch für ganz einfache Topflappen mit Streifen und Ringelmustern, die ruck-zuck fertig sind und auch von Kindern schnell nachgearbeitet werden können.

Gute Laune in der Küche verbreitet Smiley. Er lacht Sie schon am frühen Morgen an und dient als Muntermacher, wenn Sie sich Ihren ersten Kaffee auf-

brühen. Besonders schön sind auch Topflappen in Tunesischer Häkelei – einer etwas anderen Häkeltechnik, die in einem gesonderten Lehrgang ausführlich erläutert wird.

Zum Jahresende gibt es dann den besonderen Gag: Verschenken Sie zum Weihnachtsfest einen Tannenbaum und zur Silvesterparty das Modell »Prosit Neujahr« oder ein vierblättriges Kleeblatt, das natürlich auch zu vielen anderen Gelegenheiten Glück bringen soll.

Alle Modelle sind ausführlich beschrieben und mit Hilfe von Zählmustern und Häkelschriften leicht nachzuarbeiten. Die »Allgemeinen Hinweise« ab Seite 4 helfen Ihnen dabei.

Ich wünsche Ihnen viel Spaß mit den neuen Topflappen-Ideen!

Anne Thiemeyer

Allgemeine Hinweise

ABKÜRZUNGEN

Abb. = Abbildung
abm. = abmaschen
Dstb. = Doppelstäbchen
dreif. Stb. = dreifaches Stb.
f.M. = feste Masche
Hs. = Häkelschrift
h.Stb. = halbes Stäbchen
Km. = Kettmasche
Knl. = Knäuel
Lm. = Luftmasche
lt. = laut
M. = Masche
R. = Reihe
Rd. = Runde
Stb. = Stäbchen
Str. = Strang
wdh. = wiederholen
Zm. = Zählmuster
zus. = zusammen

ALLGEMEINE HINWEISE

Auf den folgenden Seiten finden Sie alle
Hinweise, die Sie zum Nacharbeiten der
abgebildeten Topflappen benötigen.

Die einzelnen Maschenarten werden
anhand von Zeichnungen erläutert. In
den Häkelschriften wird jede Maschenart
durch ein eigenes Häkelschriftzeichen
dargestellt. Die Erklärung der Häkelschriftzeichen finden Sie auf Seite 7.

HANDHALTUNG

Die Häkelnadel kann wie ein Bleistift
(Abb. 1) oder wie eine Stricknadel (Abb. 2)
gehalten werden.

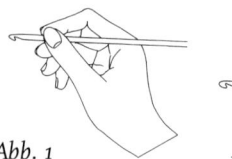 

Abb. 1   *Abb. 2*

Daumen und Mittelfinger der linken
Hand halten die Arbeit, der linke Zeige-
finger führt den vom Knäuel kommenden
Faden und reguliert die Fadenspannung.

MASCHENARTEN

Anfangsschlinge, Abb. 3 + 4
Viele Häkelarbeiten beginnen mit einer
Lm.-Kette, für die zunächst eine Anfangsschlinge gebildet wird. Den Fadenanfang
zu einer Schlinge legen. Den vom Knäuel
kommenden Faden mit der Häkelnadel
durch die Schlinge ziehen. Die Fadenenden anziehen, bis die Schlinge locker
auf der Nadel liegt.

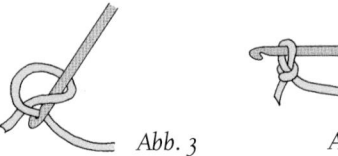

Abb. 3   *Abb. 4*

Luftmaschen, Abb. 5 + 6
Einen Umschlag auf die Nadel nehmen
und durch die auf der Nadel liegende
Schlinge ziehen.

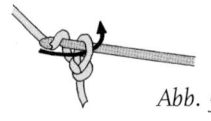 

Abb. 5   *Abb. 6*

Kettmasche, Abb. 7 + 8

In eine M. einstechen, einen Umschlag auf die Nadel nehmen und in einem Zug durch die M. und die auf der Nadel liegende Schlinge ziehen.

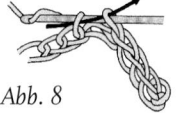

Abb. 7   *Abb. 8*

Feste Masche, Abb. 9–11

In eine M. einstechen, einen Umschlag auf die Nadel nehmen und durch die M. ziehen. Dann erneut einen Umschlag aufnehmen und in einem Zug durch beide auf der Nadel liegenden Schlingen ziehen.

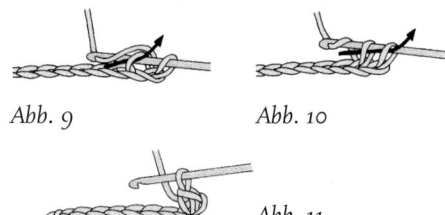

Abb. 9   *Abb. 10*

Abb. 11

Halbes Stäbchen, Abb. 12–14

Einen Umschlag auf die Nadel nehmen, in eine M. einstechen und eine Schlinge durchholen. Dann erneut einen Umschlag aufnehmen und durch alle 3 auf der Nadel liegenden Schlingen ziehen.

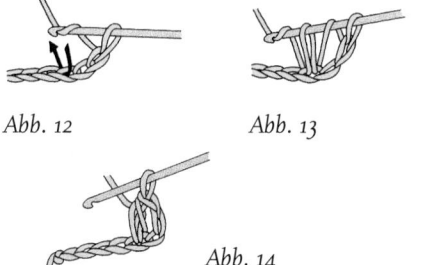

Abb. 12   *Abb. 13*

Abb. 14

Stäbchen, Abb. 15–18

Einen Umschlag auf die Nadel nehmen, in eine M. einstechen und eine Schlinge durchholen. Einen Umschlag aufnehmen und durch 2 auf der Nadel liegende Schlingen ziehen. Diesen Vorgang bezeichnet man als abmaschen (abm.). Dann erneut einen Umschlag aufnehmen und die letzten beiden Schlingen abm.

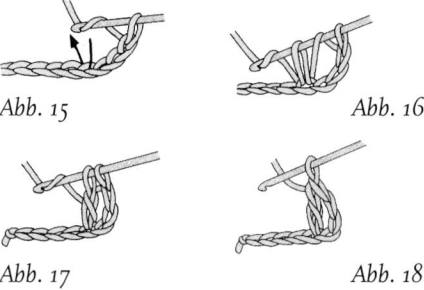

Abb. 15   *Abb. 16*

Abb. 17   *Abb. 18*

Doppelstäbchen, Abb. 19–23

2 Umschläge auf die Nadel nehmen, in eine M. einstechen und eine Schlinge durchholen. Einen Umschlag aufnehmen und 2 Schlingen abm. Noch 2-mal mit je einem Umschlag je 2 Schlingen abm.

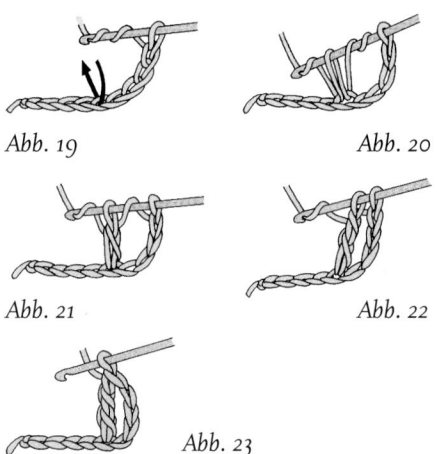

Abb. 19   *Abb. 20*

Abb. 21   *Abb. 22*

Abb. 23

Dreifaches Stäbchen

3 Umschläge auf die Nadel nehmen, in eine M. einstechen und eine Schlinge durchholen. Dann 4-mal mit je einem Umschlag je 2 Schlingen abm.

Fadenring, Abb. 24–28

Beim Häkeln in Runden beginnt man mit einem Fadenring. Mit der Häkelnadel einen Umschlag aufnehmen und durch den Ring ziehen. Die 1. f.M. durch 2 Lm. ersetzen, dann f.M. in den Fadenring arbeiten. Nach der letzten f.M. wird der Ring mit dem losen Fadenende zusammengezogen.

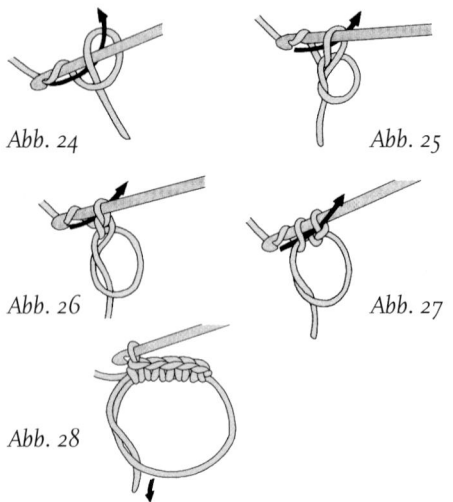

Abb. 24   Abb. 25

Abb. 26   Abb. 27

Abb. 28

Arbeiten nach Zählmuster

Ein Zählmuster gibt ein Modell Masche für Masche wieder. Jedes Karo des Zm. steht für eine f.M.

Luftmaschenanschlag

Für jedes Karo im Zm. eine Lm. anschlagen + eine zusätzliche Wende-Lm.

Gerade Ränder

Gerade Ränder lt. Hs. arbeiten. In der 1. R. die 1. f.M. in die 2. Lm. ab Nadel häkeln. Am Anfang jeder R. 1 Wende-Lm. häkeln, dann die f.M. wie gezeichnet in die M. der Vor-R. arbeiten.

Zunahmen am Reihenanfang

1 M. zunehmen: Nach der Wende-Lm. 2 f.M. in die 1. M. der Vor-R. arbeiten oder 2 Lm. anschlagen, die 1. f.M. in die 2. Lm. ab Nadel häkeln.
Mehrere M. zunehmen: Pro Karo im Zm. 1 Lm. anschlagen + eine zusätzliche Wende-Lm. Die 1. f.M. in die 2. Lm. ab Nadel häkeln.

Zunahmen am Reihenende

1 M. zunehmen: In die letzte M. der Vor-R. 2 f.M. arbeiten oder 1 f.M. mit Fußschlinge häkeln, d. h. in die Einstichstelle der letzten f.M. einstechen, Schlinge durchholen und mit einem Umschlag abm. Diese Schlinge wird als Fußschlinge bezeichnet. Dann erneut einen Umschlag aufnehmen und durch beide auf der Nadel liegenden Schlingen ziehen.
Mehrere M. zunehmen: Pro Karo im Zm. 1 f.M. mit Fußschlinge arbeiten. Ab der 2. Zunahme die Fußschlinge aus der Fußschlinge der vorhergehenden M. durchholen.

Abnahmen am Reihenanfang

1 M. abnehmen: Nach der Wende-Lm. die 1. f.M. in die 2. M. der Vor-R. arbeiten oder

die ersten beiden M. zus. abm., d. h. aus den ersten beiden M. der Vor-R. je 1 Schlinge durchholen, dann mit einem Umschlag alle 3 Schlingen zus. abm.
Mehrere M. abnehmen: Die entsprechende M.-Zahl mit Km. überhäkeln.
Tipp für einen weicheren Übergang: Wenn Sie z. B. 3 M. abnehmen wollen, dann überhäkeln Sie nur 2 M. mit Km., die folgenden beiden M. werden zus. abgemascht.

Abnahmen am Reihenende
1 M. abnehmen: Die letzte M. unbehäkelt lassen oder die letzten beiden M. zus. abm.
Mehrere M. abnehmen: Die entsprechende M.-Zahl unbehäkelt lassen.
Tipp für einen weicheren Übergang: Wenn Sie z. B. 3 M. abnehmen wollen, dann maschen Sie die viert- und drittletzte M. zus. ab., die letzten beiden M. bleiben unbehäkelt.

Kettmaschenlinien aufhäkeln
Das Knäuel unter das Häkelteil legen, die Häkelnadel von der Vorderseite aus durch das Häkelteil zur Rückseite führen und eine Schlinge auf die Vorderseite holen. Dann in den nächsten Einstichpunkt einstechen und wieder eine Schlinge von unten auf die Vorderseite holen und durch die auf der Nadel liegende Schlinge ziehen.

ERKLÄRUNG DER HÄKELSCHRIFT-ZEICHEN

● = Luftmasche (Lm.)

⌒ = Kettmasche (Km.)

▮ = feste Masche (f.M.)

♥ = 2 f.M. in dieselbe Einstichstelle

◣◥ = 2 f.M. zusammen abmaschen: aus

▲ 2 nebeneinander liegenden M. je 1 Schlinge durchholen, dann 1 Umschlag auf die Nadel nehmen und durch alle 3 auf der Nadel liegenden Schlingen ziehen

♥♥ = 3 f.M. in dieselbe Einstichstelle

▮ = f.M. mit Fußschlinge: aus der Einstichstelle der letzten M. 1 Schlinge durchholen, mit 1 Umschlag abm. = Fußschlinge. Dann 1-mal 2 Schlingen abm. Für jede folgende f.M. die Fußschlinge aus der vorhergehenden Fußschlinge durchholen

| = halbes Stäbchen (h.Stb.)

┼ = Stäbchen (Stb.)

V = 2 Stb. in dieselbe Einstichstelle

Λ = 2 Stb. zus. abm.: von jedem Stb. 1 mal 2 Schlingen abm., dann mit einem Umschlag alle 3 auf der Nadel liegenden Schlingen zus. abm.

Λ = 3 Stb. zus. abm.: von jedem Stb. 1-mal 2 Schlingen abm., dann mit einem Umschlag alle 4 auf der Nadel liegenden Schlingen zus. abm.

‡ = Doppelstäbchen (Dstb.)

Λ = 2 Dstb. zus. abm.: von jedem Dstb. 2-mal 2 Schlingen abm., dann mit einem Umschlag alle 3 auf der Nadel liegenden Schlingen zus. abm.

Kräuter-töpfchen

Größe: ca. 20 x 20 cm

Grundmuster I: f.M. in Hin- und Rück-R. häkeln, siehe auch Hs. auf Seite 6, »Gerade Ränder«. Jede Farbfläche mit einem Extra-Knl. arbeiten. Beim Farbwechsel die Fäden auf der Rückseite verkreuzen und die letzte M. einer Farbe mit der folgenden Farbe abm.

Maschenprobe: 10 M. x 10 R. ergeben 5 x 5 cm.

Grundmuster II: Lt. Zm. f.M. in Hin- und Rück-R. arbeiten. Arbeiten nach Zm. siehe »Allgemeine Hinweise« auf Seite 6.

Ausführung: 41 Lm. in Dunkelblau mit Häkelnadel Nr. 3,5 anschlagen. Im Grundmuster I arbeiten = 40 f.M. pro R. Nach 4. R. über die 4 äußeren M. in Dunkelblau, über die dazwischen liegenden 32 M. in Hellblau weiterarbeiten. Nach insgesamt 36 R. über die ganze Breite noch 4 R. in Dunkelblau häkeln. Am Ende der letzten R. für den Aufhänger 15 Lm. anschlagen, die Nadel aus der Schlinge nehmen, von der Vorderseite aus in den Eckpunkt einstechen, Schlinge durchholen und den Lm.-Ring mit f.M. dicht umhäkeln. Dann die Topflappen-oberkante mit 1 R. Km. überhäkeln. Den Rand in der Mitte mit einer Steppstichlinie in Flieder besticken, die Steppstiche über jeweils 2 M. bzw. 2 R. arbeiten.

Das Töpfchen mit Eldorado und Häkelnadel Nr. 1,75 im Grundmuster II lt. Zm.

Zählmuster B

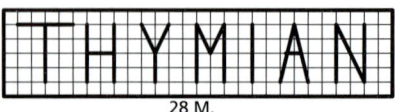

28 M.

Zählmuster A

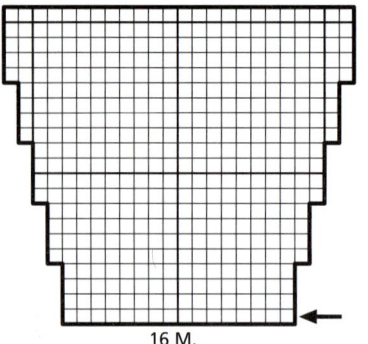

16 M.

A arbeiten. Für das untere Teil 17 Lm. an-schlagen, beim Pfeil beginnen = 16 f.M. in der 1. R. Für den oberen Rand 29 Lm. anschlagen und 6 R. im Grundmuster II lt. Zm. B arbeiten, dann das Teil mit Km. umhäkeln. Den Schriftzug »Thymian« mit Spannstichen aufsticken, Sticktwist ganzfädig verwenden. Den oberen Rand mit Steppstichen auf das untere Teil nähen, dabei die Steppstiche zwischen der 20. + 21. R. vom unteren Teil und der 1. + 2. R. vom Rand arbeiten.

Den Thymian lt. Foto mit ganzfädigem Sticktwist aufsticken. Zuerst die Zweige mit Spannstichen in dem dunkleren Grün-ton, dann die Blättchen mit Spannstichen in dem helleren Grünton arbeiten. Die Blüten mit Kettenstichen in Rosa sticken.

Marmeladenglas

MATERIAL

Baumwollhäkelgarn Lyric 8/8 in Rot 508, Blau 555* und Weiß 500* (für ein Topflappenpaar werden 2 Knl. in Rot benötigt) und Lyric 8/4 in Weiß 500*; Baumwollhäkelgarn Rot-Tulpe in Rot 4093* (* = Garnreste); Anchor Sticktwist in Ocker und Maigrün, alle Garne von Coats; Häkelnadeln Nr. 3,5, Nr. 2,5 und Nr. 1,75

Größe: ca. 20 x 17 cm

Häkelschriftzeichen auf Seite 7

Grundmuster I: Lt. Zm. f.M. in Hin- und Rück-R. arbeiten. Arbeiten nach Zm. siehe »Allgemeine Hinweise« auf Seite 6.

Maschenprobe: 10 M. x 11 R. = 5 x 5 cm.

Grundmuster II: f.M. in Hin- und Rück-R. häkeln, siehe auch Hs. auf Seite 6.

Ausführung: 26 Lm. + 3 Lm. für das Rand-Stb. in Rot mit Häkelnadel Nr. 3,5 anschlagen. Lt. Zm. A arbeiten, beim Pfeil beginnen, in der 1. R. Stb. arbeiten, dabei das 1. Stb. in die 5. Lm. ab Nadel häkeln. Danach im Grundmuster I weiterhäkeln, dabei in der 1. R. die f.M. in das vordere (= halbe) Abmaschglied der Stb. arbeiten. Die letzten 3 R. in Weiß häkeln.

Die *Spitze* in Rd. arbeiten. 60 Lm. mit Lyric 8/8 in Weiß anschlagen, dann die 1. f.M. in die Anfangs-Lm. häkeln und somit den Lm.-Anschlag zur Rd. schließen. Weiter in jede Lm. 1 f.M. arbeiten. Nach der letzten f.M. die Zacken lt. Hs. A anfügen, beim Pfeil beginnen. Die Zacken mit Blau, wie in der Hs. gezeigt, überhäkeln. Spitze um den Topflappenrand legen und zwischen der zweit- und drittletzten R. des Topflappens annähen. Aus blauem Garn eine Kordel drehen, um den Rand legen, verknoten und festnähen.

Das *Label* mit Lyric 8/4 in Weiß und Häkelnadel Nr. 2,5 im Grundmuster II arbeiten. 29 Lm. anschlagen = 28 M. pro R. Nach 14 R. das Teil nicht

Zählmuster A

26 M.

Zählmuster B

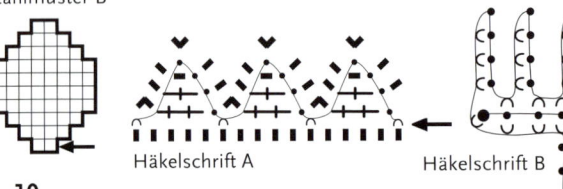

Häkelschrift A

Häkelschrift B

wenden und wie folgt umhäkeln: abwechselnd 1 Pikot und 1 Km. in den Labelrand häkeln, dabei am Anfang der Rd. für das 1. Pikot 2 Lm., 1 Km. in das vordere Abmaschglied der letzten f.M. häkeln, danach für die Pikots jeweils 2 Lm., 1 Km. in das vordere Abmaschglied der zuletzt gehäkelten Km. arbeiten. Schriftzug »Erdbeere« mit Rot-Tulpe im Stielstich aufsticken. Label mit blauem Garnrest mit Vorstichen auf das Marmeladenglas nähen. Zwei Erdbeeren

mit Rot-Tulpe und Häkelnadel Nr. 1,75 lt. Zm. B arbeiten. Pünktchen mit 3-fädigem Sticktwist in Ocker aufsticken. Die Blättchen mit Sticktwist lt. Hs. B arbeiten. 8 Lm. anschlagen (dicker Punkt = Anfangs-Lm.). Blättchen auf die Erdbeeren nähen. Erdbeeren aufnähen, siehe auch Foto. Für den Aufhänger 20 Lm. anschlagen, mit 1 Km. zur Rd. schließen. Lm.-Ring mit f.M. dicht umhäkeln. Aufhänger auf der Rückseite festnähen.

Spiegelei

Größe: ca. 20 x 16 cm

Grundmuster I: Lt. Zm. f.M. in Hin- und Rück-R. arbeiten. Arbeiten nach Zm. siehe »Allgemeine Hinweise« auf Seite 6.

Maschenprobe: 10 M. x 11 R. ergeben 5 x 5 cm.

Grundmuster II: f.M. in Rd. häkeln, dabei die Rd. spiralförmig ausführen. Zur Kontrolle der Maschenzahl empfiehlt es sich, nach der letzten M. einer Rd. einen Faden in einer Kontrastfarbe einzulegen. Dann die folgende Rd. arbeiten. Am Rd.-Ende den Faden entfernen und bei jedem Rd.-Anfang neu einlegen.

Ausführung: Für das Eiweiß 5 Lm. in Weiß mit Häkelnadel Nr. 3,5 anschlagen. Dann im Grundmuster I arbeiten, beim Pfeil beginnen, die 1. f.M. in die 2. Lm. ab Nadel häkeln = 4 f.M. in der 1. R. Am Ende der letzten R. für den Aufhänger 15 Lm. anschlagen, die Nadel aus der Schlinge nehmen, von der Vorderseite aus in den Eckpunkt einstechen, Schlinge durchholen und den Lm.-Ring mit f.M. dicht umhäkeln. Eiweiß mit braunem Garn und Häkelnadel Nr. 2,5 umhäkeln, dabei abwechselnd in unregelmäßiger Reihenfolge Km. und f.M. arbeiten.

Den Eidotter mit Gelb im Grundmuster II arbeiten.

MATERIAL

Baumwollhäkelgarn Lyric 8/8 in Weiß 500 und Gelb 524 von Coats (für ein Topflappenpaar werden 2 Knl. in Weiß und 1 Knl. in Gelb benötigt); Rest dünnes Baumwollhäkelgarn in Braun; Häkelnadeln Nr. 3,5 und 2,5

1. Rd.: in einen Fadenring (siehe Seite 6) 2 Lm. + 7 f.M. arbeiten = 8 M.
2. Rd.: 4-mal jede 2. M. verdoppeln, d. h. 2 f.M. in dieselbe M. der Vor-Rd. arbeiten = 12 M.
3. Rd.: 6-mal jede 2. M. verdoppeln = 18 M.
4. Rd.: 6-mal jede 3. M. verdoppeln = 24 M.
5. Rd.: 6-mal jede 4. M. verdoppeln = 30 M.
6. Rd.: zuerst die 2. M. verdoppeln, dann noch 5-mal jede 5. M. verdoppeln = 36 M.
7. Rd.: 6-mal jede 6. M. verdoppeln = 42 M.
8. Rd.: f.M. ohne Zunahmen arbeiten = 42 M.

Damit der Dotter etwas plastisch hervortritt als Einlage einen 2. Kreis wie beschrieben arbeiten, jedoch mit der 7. Rd. enden. Zuerst den kleinen Kreis mit wenigen Stichen auf dem Eiweiß festnähen. Dann den größeren Kreis auflegen und rundum festnähen.

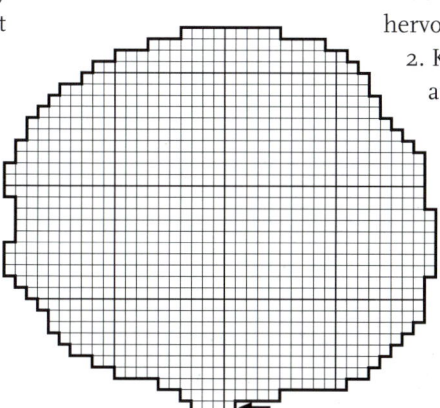

Strukturmuster

Größe: ca. 21 x 21 cm

Grundmuster: Lt. Zm. f.M. in Hin- und
Rück-R. arbeiten. In der 1. R. die 1. f.M. in
die 2. Lm. ab Nadel häkeln. Für den Rippen-
effekt ab der 2. R. die f.M. jeweils nur in
das hintere (= halbe) Abmaschglied der Vor-
R. arbeiten. Am Anfang jeder R. 1 Wende-
Lm. häkeln, die 1. f.M. in die letzte M. der
Vor-R. arbeiten. Die plastischen Stb. lt.
nachfolgender Zeichenerklärung arbeiten.

Zeichenerklärung:

☐ = 1 f.M., ab der 2. R. nur in das hintere
(= halbe) Abmaschglied der Vor-R.

⧧ = 1 f.M. und 1 Stb. zus. abm., d. h. in
die f.M. der Vor-R. einstechen, Schlinge
durchholen, für das Stb. 1 Umschlag auf
die Nadel nehmen, von oben nach unten
in das darunter liegende halbe Abmaschglied einstechen, Schlinge durchholen und
nach oben ziehen, dann nacheinander zuerst 2 Schlingen, dann 3 Schlingen abm.

Maschenprobe: 10 M. x 10 R. = 5 x 5 cm.

Ausführung: 43 Lm. anschlagen. Im Grundmuster arbeiten, beim Pfeil mit einer Rück-
R. beginnen = 42 f.M. pro R. In den ersten
3 R. nur f.M. arbeiten, die plastischen Stb.
werden ab der 4. R. in jeder Hin-R. gearbeitet. Die dick gezeichneten waagerechten
Striche kennzeichnen die halben Abmasch-
glieder der f.M. (= Einstichstellen für die

Zickzackstreifen

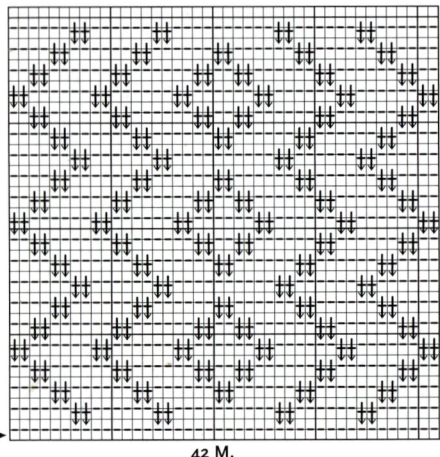

42 M.

Schrägstreifen

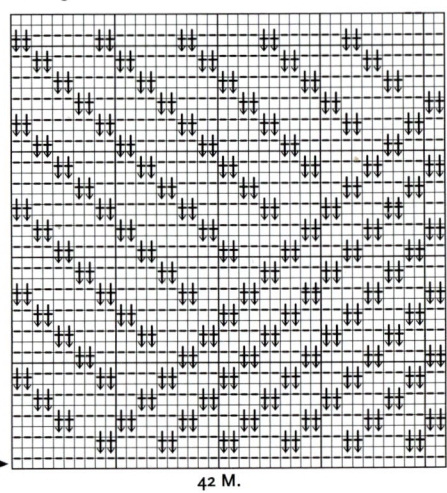

42 M.

Stb.). Nach der letzten R. Teil wenden und den Topflappen mit Km. überhäkeln, bei den Stb. an den Seitenkanten die Km. hinter den Stb. arbeiten. An den Ecken jeweils 1 Lm. häkeln. Rd. mit einer Km. schließen.

Dann für den Aufhänger 15 Lm. anschlagen, die Nadel aus der Schlinge nehmen, in die 1. Lm. einstechen, Schlinge durchholen und den Lm.-Ring mit f.M. dicht umhäkeln.

Mexiko

MATERIAL

Baumwollhäkelgarn Lyric 8/8 von Coats in Weiß 500, Schwarz 501, Gelb 524*, Blau 555*, Grün 512* und Rot 508*
(für ein Topflappenpaar werden je 1 Knl. in Weiß und Schwarz benötigt, für die mit * gekennzeichneten Farben reichen auch Garnreste in entsprechender Stärke); Häkelnadel Nr. 3,5

Größe: ca. 22 x 20 cm
Häkelschriftzeichen auf Seite 7
Grundmuster: f.M. in Hin- und Rück-R. häkeln, siehe auch Hs. auf Seite 6, »Gerade Ränder«. Jede Farbfläche mit einem Extra-Knl. arbeiten. Beim Farbwechsel die Fäden auf der Rückseite verkreuzen und die letzte M. einer Farbe mit der folgenden Farbe abm.
Maschenprobe: 9,5 M. x 10,5 R. ergeben 5 x 5 cm.
Ausführung: 37 Lm. in Schwarz anschlagen. Im Grundmuster arbeiten = 36 f.M. pro R. Nach 4. R. über die 4 äußeren M.

in Schwarz, über die dazwischen liegenden 28 M. in Weiß weiterarbeiten. Nach insgesamt 32 R. über die ganze Breite noch 4 R. in Schwarz häkeln. Am Ende der letzten R. für den Aufhänger 15 Lm. anschlagen, die Nadel aus der Schlinge nehmen, von der Vorderseite aus in den Eckpunkt einstechen, Schlinge durchholen und den Lm.-Ring mit f.M. dicht umhäkeln.

Dann die Topflappenaußenkante mit Zacken überhäkeln, jede Seite mit einer anderen Farbe, siehe Foto. Dafür jeweils mit einer Km. an einem Eckpunkt anketten, die Zacken lt. Hs. arbeiten, nach jeder Zacke 1 Km. in den Topflappenrand arbeiten, und zwar jeweils nach 5 R., 1-mal nach 6 R. Lt. Foto mit jeweils 2 M. bzw. 2 R. Abstand zum schwarzen Rand Km.-Linien auf die weiße Fläche häkeln, siehe auch »Allgemeine Hinweise« auf Seite 7. Vogelmotiv lt. Vorzeichnung in die Topflappenmitte häkeln, evtl. eine Schablone anfertigen und Kontur mit Bleistift ganz fein auf die weiße Fläche zeichnen oder mit Nähgarn markieren. Kontur mit schwarzem, innere Linie mit rotem Garn aufhäkeln.

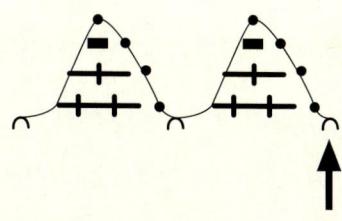

2-fach vergrößern

Zebra- und Giraffenmuster

MATERIAL

Baumwollhäkelgarn Lyric 8/8 von Coats, in Weiß 500 und Schwarz 501 für Zebramuster, in Rotbraun 565 und Beige 503 für Giraffenmuster (für ein Topflappenpaar mit Zebramuster werden je 1 Knl. in Weiß und Schwarz, für ein Topflappenpaar mit Giraffenmuster werden 2 Knl. in Rotbraun und 1 Knl. in Beige benötigt); Häkelnadel Nr. 3,5

Größe: ca. 20 x 20 cm

Grundmuster: Lt. Zm. f.M. in Hin- und Rück-R. arbeiten. Arbeiten nach Zm. siehe »Allgemeine Hinweise« auf Seite 6. Für das Jacquardmuster den unbenutzten Faden jeweils mit dem Arbeitsfaden überhäkeln, beim Farbwechsel die letzte M. einer Farbe jeweils mit der folgenden Farbe abm.

Maschenprobe: 10 M. x 9 R. ergeben 5 x 5 cm.

Ausführung: 41 Lm. anschlagen. Die Lm. in den Farben der 1. R. lt. entsprechendem Zm. anschlagen, dabei an der linken unteren Ecke beginnen.

Beispiel: Beim Zebramuster werden nacheinander 4 Lm. in Schwarz, 3 Lm. in Weiß, 5 Lm. in Schwarz usw. angeschlagen, dabei wird der andersfarbige Faden mitgeführt.

Beim Abzählen der Lm. beachten, dass beim Farbwechsel, d. h. wenn der Faden der 2. Farbe durch die auf der Nadel liegende Schlinge geholt wird, noch eine Lm. in der zuvor verwendeten 1. Farbe gebildet wird. Lt. entsprechendem Zm. arbeiten, beim Pfeil beginnen = 40 f.M. pro R. In der 1. R. auch die Fäden vom Lm.-Anschlag überhäkeln. Nach der vorletzten R. für den Aufhänger 15 Lm. anschlagen, die Nadel aus der Schlinge nehmen, von der Vorderseite aus in den Eckpunkt einstechen, Schlinge durchholen und den Lm.-Ring mit f.M. dicht umhäkeln. Danach die letzte R. anfügen oder den Aufhänger nach der letzten R. arbeiten.

Zebra

■ = schwarz
□ = weiß

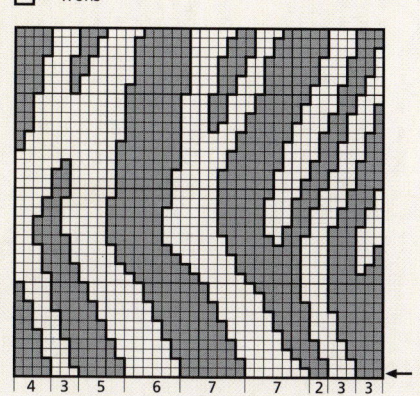

| 4 | 3 | 5 | 6 | 7 | 7 | 2 | 3 | 3 |

Giraffe
■ = rotbraun
□ = beige

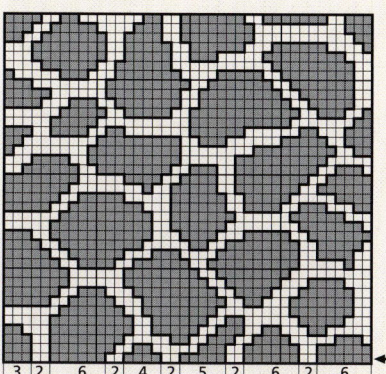

| 3 | 2 | 6 | 2 | 4 | 2 | 5 | 2 | 6 | 2 | 6 |

Pandabär

MATERIAL

Baumwollhäkelgarn Lyric 8/8 in Weiß 500 und Schwarz 501 (für ein Topflappenpaar werden 2 Knl. in Weiß und 1 Knl. in Schwarz benötigt); Baumwollhäkelgarn Lyric 8/4 in Weiß 500* und Schwarz 501* (für die mit * gekennzeichneten Farben reichen auch Garnreste in entsprechender Stärke), alle Garne von Coats; Häkelnadeln Nr. 3,5 und 2,5

Größe: ca. 20 cm ø
Häkelschriftzeichen auf Seite 7
Grundmuster und Maschenprobe: siehe Smiley auf Seite 26.

Ausführung: Den Kopf in Weiß im Grundmuster mit Häkelnadel Nr. 3,5 arbeiten. Bis zur 18. Rd., wie beim Smiley beschrieben, häkeln.

9. Rd.: 6-mal jede 18. M. verdoppeln = 114 M. Bei der letzten Zunahmestelle zwischen den beiden f.M. für den Aufhänger 15 Lm. häkeln und die 20. Rd. anfügen.

10. Rd.: zuerst die 9. M. verdoppeln, dann noch 5-mal jede 19. M. verdoppeln = 120 M.

Nach der 20. Rd. den Lm.-Ring mit f.M. dicht umhäkeln.

Für die *Schnauze* in Weiß einen Kreis mit 6 Rd., als Einlage einen weiteren Kreis mit 5 Rd. häkeln.

Die *Ohren* mit Lyric 8/8 in Schwarz lt. Hs. A + B in Hin- und Rück-R. arbeiten. Unterhalb der Linie sind einige M. der 20. Rd. des Kopfes gezeichnet. Beim An-

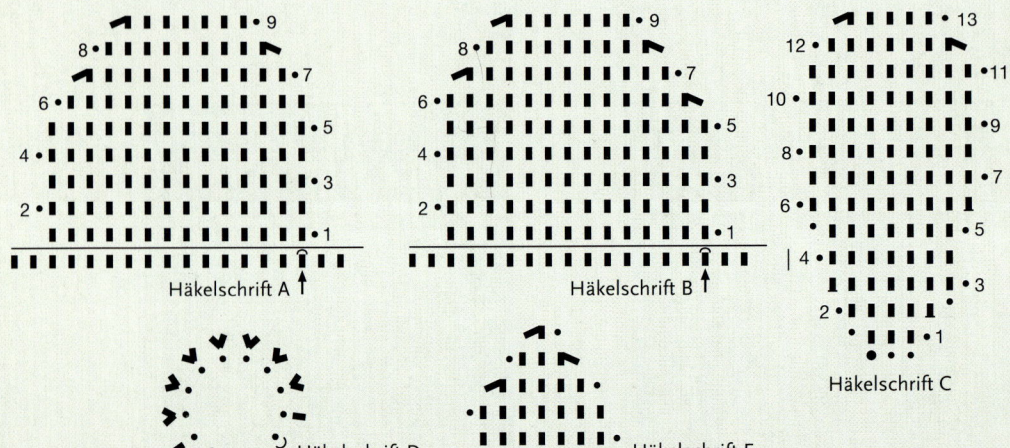

Häkelschrift A

Häkelschrift B

Häkelschrift C

Häkelschrift D

Häkelschrift E

ketten den Fadenanfang ca. 1,20 m lang hängen lassen. Mit dem Fadenanfang wird später das Ohr überhäkelt. An die 21. M. vor dem Aufhänger anketten, Ohr lt. Hs. A arbeiten. An die 8. M. nach dem Aufhänger anketten, Ohr lt. Hs. B arbeiten. Die Ohren mit Km. überhäkeln.

Mit Lyric 8/4 und Häkelnadel Nr. 2,5 die *Augen* in Schwarz lt. Hs. C, den inneren Kranz in Weiß lt. Hs. D, den *Mund* in Schwarz lt. Hs. E arbeiten, dicker Punkt = Anfangs-Lm. Den Mund auf die Schnauze nähen, die Linien mit Spannstichen aufsticken, siehe auch Foto. Die Einlage für die Schnauze mit wenigen Stichen auf den Kopf nähen, dann die Schnauze auflegen und festnähen. Die Schnauze verdeckt den Rd.-Anfang des Kopfes. Die Augen aufnähen, das schmale Ende zeigt nach unten, den weißen Kranz lt. Foto aufnähen.

Marienkäfer

MATERIAL

Baumwollhäkelgarn Lyric 8/8 in Rot 508 und Schwarz 501; Baumwollhäkelgarn Lyric 8/4 in Schwarz 501 (für ein Topflappenpaar werden 2 Knl. in Rot und je 1 Knl. in Schwarz benötigt), alle Garne von Coats; Häkelnadeln Nr. 3,5 und 2,5

Größe: ca. 20 cm ø
Häkelschriftzeichen auf Seite 7
Grundmuster und Maschenprobe: siehe Smiley auf Seite 26.
Ausführung: Den Körper in Rot im Grundmuster mit Häkelnadel Nr. 3,5, wie beim Smiley beschrieben, häkeln. Nach der 20 Rd. mit einer Km. enden.

Den Kopf mit Lyric 8/8 in Schwarz lt. Hs. A arbeiten. In eine M. des Körpers einstechen (siehe Pfeil A) und den Faden durchholen. Unterhalb der waagerechten Linie sind f.M. der letzten Rd. des Körpers gezeichnet. Den Kopf in Hin- und Rück-R.

arbeiten, dabei mit 3 Lm. beginnen. Nach der 7. R. den Faden abschneiden. Bei Pfeil B neu anketten und den Kopf umhäkeln, dabei die Fühler und den Aufhänger lt. Hs. arbeiten. Nach den 5 Lm. für den Aufhänger die Nadel aus der Schlinge nehmen, in den Eckpunkt vor dem 1. Fühler einstechen, Schlinge durchholen, dann lt. Hs. fortfahren, mit einer Km. in eine f.M. der letzten Rd. des Körpers enden.

Das untere dreieckige Teil lt. Hs. B mit Lyric 8/4 in Schwarz und Häkelnadel Nr. 2,5 arbeiten. 21 Lm. anschlagen, in Hin- und Rück-R. f.M. arbeiten, dabei in der 1. R. die 1. f.M. in die 2. Lm. ab Nadel häkeln = 20 f.M. nach der 1. R. Nach der letzten R. das Teil mit f.M. umhäkeln, dann für die Mittellinie noch ca. 42 Lm. anschlagen.

7 Punkte mit Lyric 8/4 in Schwarz im Grundmuster wie beim Körper arbeiten, jedoch jeweils mit der 3. Rd. enden. Nach der 3. Rd. noch eine Rd. Km. anfügen. Lt. Foto das untere Teil mit Mittellinie – Mittellinie evtl. in der Länge anpassen – sowie die Kreise aufnähen.

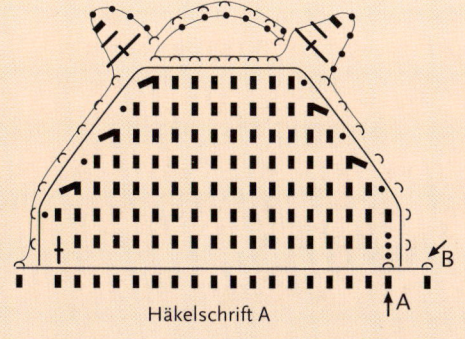

Häkelschrift A

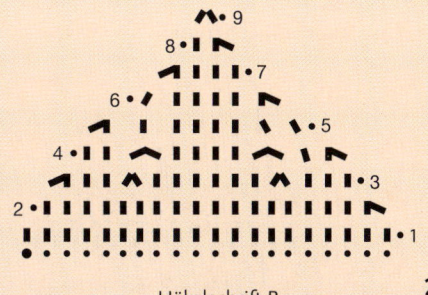

Häkelschrift B

Smiley

Größe: ca. 20 cm ø
Häkelschriftzeichen auf Seite 7
Grundmuster: f.M. in Rd. häkeln,
dabei die Rd. spiralförmig ausführen.
Zur Kontrolle der Maschenzahl
empfiehlt es sich, nach der letzten M.
einer Rd. einen Faden in einer
Kontrastfarbe einzulegen. Dann die
folgende Rd. arbeiten. Am Rd.-Ende
den Faden entfernen und bei jedem
Rd.-Anfang neu einlegen.
Maschenprobe: 5 Rd. ergeben 5 cm ø.
Ausführung: Den Kopf in Gelb im
Grundmuster mit Häkelnadel Nr. 3,5
arbeiten.

1. Rd.: in einen Fadenring (siehe Seite 6)
   2 Lm. + 7 f.M. arbeiten = 8 M.
2. Rd.: 4-mal jede 2. M. verdoppeln, d. h. 2 f.M.
   in dieselbe M. der Vor-Rd. arbeiten = 12 M.
3. Rd.: 6-mal jede 2. M. verdoppeln = 18 M.
4. Rd.: 6-mal jede 3. M. verdoppeln = 24 M.
5. Rd.: 6-mal jede 4. M. verdoppeln = 30 M.
6. Rd.: zuerst die 2. M. verdoppeln, dann
   noch 5-mal jede 5. M. verdoppeln = 36 M.
7. Rd.: 6-mal jede 6. M. verdoppeln = 42 M.
8. Rd.: zuerst die 3. M. verdoppeln, dann noch
   5-mal jede 7. M. verdoppeln = 48 M.
9. Rd.: 6-mal jede 8. M. verdoppeln = 54 M.
10. Rd.: zuerst die 4. M. verdoppeln, dann
    noch 5-mal jede 9. M. verdoppeln = 60 M.
11. Rd.: 6-mal jede 10. M. verdoppeln = 66 M.
12. Rd.: zuerst die 5. M. verdoppeln, dann
    noch 5-mal jede 11. M. verdoppeln = 72 M.
13. Rd.: 6-mal jede 12. M. verdoppeln = 78 M.
14. Rd.: zuerst die 6. M. verdoppeln, dann
    noch 5-mal jede 13. M. verdoppeln = 84 M.
15. Rd.: 6-mal jede 14. M. verdoppeln = 90 M.
16. Rd.: zuerst die 7. M. verdoppeln, dann
    noch 5-mal jede 15. M. verdoppeln = 96 M.
17. Rd.: 6-mal jede 16. M. verdoppeln = 102 M.
18. Rd.: zuerst die 8. M. verdoppeln, dann
    noch 5-mal jede 17. M. verdoppeln = 108 M.
19. Rd.: 6-mal jede 18. M. verdoppeln = 114 M.
20. Rd.: zuerst die 9. M. verdoppeln, dann
    noch 5-mal jede 19. M. verdoppeln = 120 M.

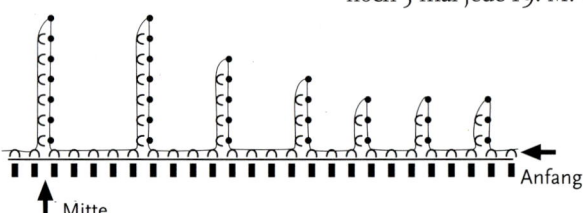

Mitte

Anfang

Danach über 72 M. Km. arbeiten, über die restlichen 48 M. die Haare häkeln.

Haare und Augen mit Lyric 8/8 häkeln. Die Haare mit Schwarz lt. Hs. bis zur Mitte arbeiten, dann die R. entsprechend fortsetzen, dabei die Länge der Haare gegengleich arbeiten.

Für die Augen 5 Lm. in Schwarz anschlagen, dann nacheinander 1 f.M., 2 Stb., 1 f.M. in die Lm. arbeiten, die 1. f.M. in die 2. Lm. ab Nadel häkeln. Augen mit Km. in Weiß umhäkeln.

Für den Mund mit Lyric 8/4 und Häkelnadel Nr. 2,5 ca. 47 Lm. anschlagen, dann in jede Lm. 1 Km. arbeiten, die 1. Km. in die 2. Lm. ab Nadel häkeln. Augen und Mund aufnähen.

Für den Aufhänger auf der Rückseite anketten, 17 Lm. häkeln, anketten und den Lm.-Ring mit f.M. dicht umhäkeln.

Tunesische Häkelei: gestreift, meliert, uni

MATERIAL

GESTREIFTER TOPFLAPPEN
Baumwollhäkelgarn Lyric 8/8 von Coats in Hellblau 510 und Hellgrün 588 (für ein Topflappenpaar wird je 1 Knl. benötigt); INOX-Häkelnadel Nr. 4,5 für Tunesische Häkelei

MELIERTER TOPFLAPPEN
wie »Gestreifter Topflappen«

GRÜNER TOPFLAPPEN
Baumwollhäkelgarn Lyric 8/8 von Coats in Hellgrün 588 (für ein Topflappenpaar werden 2 Knl. benötigt); INOX Häkelnadel Nr. 4,5 für Tunesische Häkelei

GESTREIFTER TOPFLAPPEN

Größe: ca. 20 x 20 cm
Grundmuster: Einfacher tunesischer Häkelstich, siehe Seite 30.
Streifenfolge: 11 R. in Hellblau, * 1 R. in Hellgrün, 1 R. in Hellblau, ab * insgesamt 5-mal arbeiten, 11 R. in Hellgrün.
Maschenprobe: 9 M. x 8,5 R. ergeben ca. 5 x 5 cm.

Ausführung: 34 Lm. in Hellblau anschlagen, im Grundmuster nach der Streifenfolge arbeiten. Danach die M. mit Hellgrün abketten, siehe Seite 31.
Umrandung: Die folgenden 3 Seiten mit Km. überhäkeln, die Rd. mit einer Km. schließen.

Dann mit 1 Lm. wenden und von der Rückseite aus noch 1 Rd. Km. häkeln, dabei jeweils nur in das vordere (= halbe) Abmaschglied der Vor-Rd. einstechen. Am Rd.-Ende für den Aufhänger 15 Lm. anschlagen, die Nadel aus der Schlinge nehmen, von der Vorderseite aus in den Eckpunkt einstechen, Schlinge durchholen und den Lm.-Ring mit f.M. dicht umhäkeln.

MELIERTER TOPFLAPPEN

Größe, Grundmuster und Maschenprobe: siehe »Gestreifter Topflappen«
Ausführung: 34 Lm. in Hellblau anschlagen, im Grundmuster arbeiten, die 1. Hin-R. in Hellblau arbeiten. Dann abwechselnd eine Rück- und eine Hin-R. in Hellgrün sowie eine Rück- und eine Hin-R. in Hellblau arbeiten. In 19 cm Höhe = nach ca. 32 R. die M. mit Hellblau abketten, siehe Seite 31. Umrandung: siehe »Gestreifter Topflappen«.

GRÜNER TOPFLAPPEN

Größe: ca. 20 x 20 cm

Grundmuster: Tunesischer Kreuzstich, versetzt, siehe Seite 31.

Maschenprobe: 10 M. x 7 R. ergeben ca. 5 x 5 cm.

Ausführung: 38 Lm. anschlagen, im Grundmuster arbeiten. In 19 cm Höhe = nach ca. 26 R. die M. abketten, siehe Seite 31.

Umrandung: siehe »Gestreifter Topflappen«.

Lehrgang
Tunesische Häkelei

ALLGEMEINES ZUR TUNESISCHEN HÄKELEI

Bei dieser Häkeltechnik liegen während des Häkelns mehrere Schlingen auf der Nadel. Aus diesem Grund benötigt man spezielle Häkelnadeln, die länger sind als übliche Häkelnadeln und deren Schaft gleichmäßig stark ist. Die INOX-Häkelnadeln von der Fa. Prym sind in den Stärken 2–5 im Fachhandel erhältlich.

Bei der Tunesischen Häkelei wird immer auf der rechten Seite gearbeitet, d. h. es wird nicht gewendet. Jede R. besteht aus einer Hin- und einer Rück-R. In der Hin-R. werden die Schlingen von rechts nach links aufgefasst, in der Rück-R. von links nach rechts abgemascht.

Einfacher tunesischer Häkelstich

Die Basis bildet eine Lm.-Kette, die nicht zu fest gehäkelt werden darf.

1. Reihe:

Hin-R.: In die 2. Lm. ab Nadel einstechen und Schlinge (Schl.) durchholen (Abb. A), Schl. auf der Häkelnadel lassen. Aus jeder folgenden Lm. des Lm.-Anschlages je 1 Schl. durchholen (Abb. B).

Abb. A

Abb. B

Rück-R.: 1 Umschlag auf die Nadel nehmen und durch eine einzelne Schl. ziehen (Abb. C), dann * 1 Umschlag auf die Nadel nehmen und durch 2 Schl. ziehen (Abb. D). Ab * fortlaufend wiederholen, bis nur noch 1 Schl. auf der Nadel liegt (Abb. E).

Abb. C

Abb. D

Abb. E

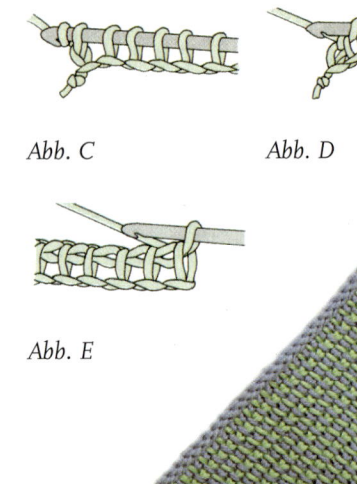

2. Reihe:

Hin-R.: Aus den senkrecht liegenden Maschendrähten jeweils eine Schl. auffassen (Abb. F). Aus dem 1. senkrecht liegenden Maschendraht am Rand wird keine Schl. aufgefasst. Die auf der Nadel liegende Schl. zählt als 1. Schl.

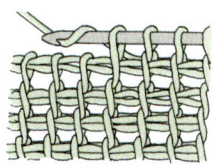

Abb. F

Rück-R.: Die Schl. wie bei der 1. Rück-R. beschrieben abm.

Die 2. R. fortlaufend wiederholen.

Abketten

Ist eine Arbeit beendet, werden die Schl. der letzten R. abgekettet. Dafür in jeden senkrecht liegenden Maschendraht von rechts nach links einstechen, einen Umschlag auf die Nadel nehmen und in einem Zug durch den senkrecht liegenden Maschendraht und die auf der Nadel liegende Schl. ziehen.

TUNESISCHER KREUZSTICH, VERSETZT

Die Basis bildet eine Lm.-Kette, die nicht zu fest gehäkelt werden darf.

1. Reihe:
wie beim einfachen, tunesischen Häkelstich beschrieben arbeiten.

2. Reihe:
Hin-R: den 1. senkrecht liegenden Maschendraht am Rand übergehen, dann die Maschendrähte verkreuzen, dafür fortlaufend aus dem folgenden 2. senkrecht liegenden Maschendraht 1 Schl. durchholen, dann aus dem übergangenen Maschendraht 1 Schl. durchholen. Am R.-Ende aus dem letzten senkrecht liegenden Maschendraht noch 1 Schl. durchholen.

Rück-R: wie beim einfachen tunesischen Häkelstich beschrieben arbeiten.

3. Reihe:
Hin-R: den 1. senkrecht liegenden Maschendraht am Rand übergehen, aus dem folgenden Maschendraht 1 Schl. durchholen, dann mit dem Verkreuzen beginnen.

Rück-R: wie beim einfachen tunesischen Häkelstich beschrieben arbeiten.

Die 2. + 3. R. fortlaufend wiederholen.

Abketten

siehe einfacher tunesischer Häkelstich.

Jeans

MATERIAL

Baumwollhäkelgarn Blue Jeans in Hellblau 52 von Schachenmayr (für ein Topflappenpaar werden 3 Knl. benötigt); Anchor Sticktwist von Coats in Ocker 309; Häkelnadel Nr. 4,0; Knopf

Größe: ca. 20 x 17 cm
Grundmuster: Mit doppeltem Faden lt. Zm. f.M. in Hin- und Rück-R. arbeiten. Arbeiten nach Zm. siehe »Allgemeine Hinweise« auf Seite 6.
Maschenprobe: 9 M. x 10 R. ergeben 5 x 5 cm.
Ausführung: Die Hose zweiteilig arbeiten. 17 Lm. anschlagen, bei Pfeil A beginnen, die 1. f.M. in die 2. Lm. ab Nadel häkeln = 16 f.M. in der 1. R. Für die Beinschräge am linken Seitenrand zunehmen, dann an der dick eingezeichneten Linie gerade hoch arbeiten. In der 21. R. mit den Abnahmen für den Tascheneingriff beginnen. Dafür nach der 20. R. den Faden abschneiden. In der 21. R. den Faden durch die mit Pfeil gekennzeichnete M. durchholen, dann lt. Zm. weiterarbeiten. Die 2. Hälfte bei Pfeil B beginnen. Für die Beinschräge am rechten Seitenrand zunehmen. In der 5. R. 4 M. zunehmen, dann an der gestrichelten Linie gerade hoch arbeiten. Nach der 21. R. den Faden abschneiden. In der 22. R.

den Faden durch die mit Pfeil gekennzeichnete M. durchholen, dann lt. Zm. weiterarbeiten. Für die Ergänzungsteile unter den Taschen (siehe gestrichelte Linien) jeweils 11 Lm. anschlagen und 12 R. f.M. häkeln.
Den Hosenbund ebenfalls zweiteilig arbeiten. 19 Lm. anschlagen, bei Pfeil C beginnen = 18 f.M. pro R. Nach der 5. R. die vordere Kante mit Km. überhäkeln. Für das unten liegende Teil 22 Lm. anschlagen, bei Pfeil D beginnen = 21 f.M. pro R. (= 3 M. mehr für den Untertritt).
Taschenkanten, innere Beinkanten und bei dem oben aufliegenden Teil die vordere Kante mit Km. überhäkeln. Dann die Stepplinien mit ganzfädigem Sticktwist aufsticken, siehe auch Foto. Die Ergänzungsteile unter die Hosenteile legen und die Seitenkanten mit Km. überhäkeln, dabei

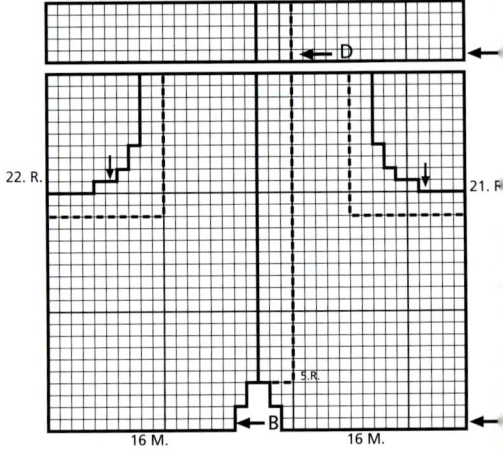

die beiden Teile jeweils miteinander verbinden. Ergänzungsteile auf der Rückseite festnähen. Die Bundteile mit Steppstichen auf die Hosenteile nähen, dabei zwischen der 1. + 2. R. der Bundteile und der letzten und vorletzten R. der Hosenteile einstechen. An der oberen Kante der Bundteile ebenfalls eine Steppstichlinie arbeiten. Teile übereinander legen und von der Rückseite zusammennähen. Für den Aufhänger an der rechten oberen Ecke einstechen, Schlinge durchholen, 12 Lm. anschlagen, Nadel aus der Schlinge nehmen, in den Eckpunkt einstechen, Schlinge durchholen und den Lm.-Ring mit f.M. dicht umhäkeln. Knopf aufnähen.

Kinderleicht

MATERIAL

STREIFEN
Baumwollhäkelgarn Lyric 8/8
von Coats in Orange 537, Gelb 524
und Türkis 557
(für ein Topflappenpaar wird
jeweils 1 Knl. pro Farbe benötigt);
Häkelnadel Nr. 3,5

RINGEL
Baumwollhäkelgarn Lyric 8/8
von Coats in Orange 537, Gelb 524,
Türkis 557 und Grün 512
(für ein Topflappenpaar wird
jeweils 1 Knl. pro Farbe benötigt);
Häkelnadel Nr. 3,5

STREIFEN
Größe: ca. 20 x 19 cm
Grundmuster: Lt. Zm. f.M. in Hin- und
Rück-R. arbeiten. Arbeiten nach Zm.
siehe »Allgemeine Hinweise« auf Seite 6.
Maschenprobe: 10 M. x 10 R. ergeben
5 x 5 cm.
Ausführung: 41 Lm. in Orange anschlagen. Im Grundmuster arbeiten, beim
Pfeil beginnen, die 1. f.M. in die 2. Lm. ab
Nadel häkeln = 40 f.M. pro R. Am Ende
der letzten R. (= Hin-R.) für den Aufhänger 15 Lm. anschlagen, die Nadel aus
der Schlinge nehmen, von der Vorderseite
aus in die zuletzt gehäkelte f.M. einstechen, Schlinge durchholen und den Lm.-
Ring mit f.M. dicht umhäkeln.

RINGEL
Größe: ca. 20 x 19 cm
Häkelschriftzeichen auf Seite 7
Grundmuster: abwechselnd 1 R. Stb. (=
Hin-R.) und 1 R. f.M. (= Rück-R.) häkeln.
Die Ränder wie in der Hs. gezeichnet
arbeiten.
Streifenfolge: * 1 R. Stb. in Orange, 1 R.
f.M. in Grün, 1 R. Stb. in Gelb, 1 R. f.M. in
Türkis, ab * fortlaufend wiederholen.
Maschenprobe: 12 M. x 8 R. ergeben ca.
6 x 6 cm.
Ausführung: 43 Lm. in Orange anschlagen. Dann im Grundmuster nach der
Streifenfolge und Häkelschrift arbeiten,
dabei in der 1. R. das 1. Stb. in die 4. Lm.
ab Nadel häkeln. Am Anfang und Ende
der R. den Faden ca. 10 cm lang hängen
lassen. In 19 cm Höhe mit einer Hin-R.
Stb. in Orange enden. Nach dem letzten
Stb. für den Aufhänger 15 Lm. anschlagen, die Nadel aus der Schlinge nehmen,
von der Vorderseite aus in das zuletzt
gehäkelte Stb. einstechen, Schlinge durchholen und den Lm.-Ring mit f.M. dicht
umhäkeln.

Den Anfangsfaden vernähen, dann an
den Rändern jeweils 2 Fäden zu einem
Knoten verschlingen, den Knoten dicht an
die Rand-M. schieben, fest anziehen,
Fadenenden abschneiden.

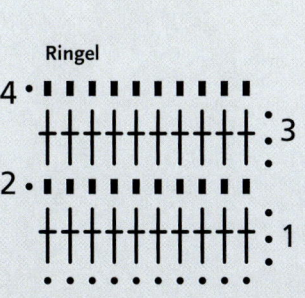

Ringel

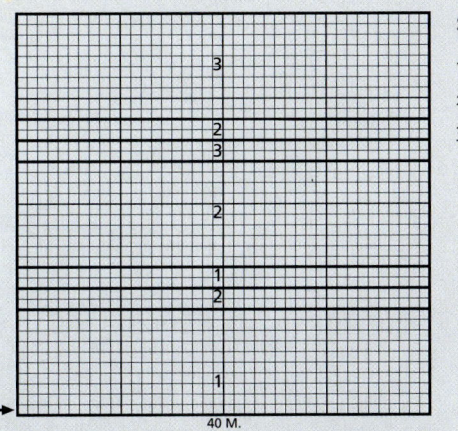

Streifen

1 = orange
2 = gelb
3 = türkis

40 M.

35

Tasse

Größe: ca. 19,5 x 16 cm

Grundmuster: Lt. Zm. f.M. in Hin- und Rück-R. häkeln. Arbeiten nach Zm. siehe »Allgemeine Hinweise« auf Seite 6. Für das Jacquardmuster den unbenutzten Faden jeweils mit dem Arbeitsfaden überhäkeln, beim Farbwechsel die letzte M. einer Farbe jeweils mit der folgenden Farbe abm.

Maschenprobe: 10 M. x 10 R. ergeben 5 x 5 cm.

Ausführung: 21 Lm. in Creme anschlagen. Im Grundmuster arbeiten, beim Pfeil beginnen = 20 f.M. in der 1. R. Nach der letzten gezeichneten R. noch eine R. Km. in Blau anfügen. Die cremefarbenen R. der Tasse mit Km. in Creme überhäkeln, dabei am unteren Rand eine Km.-Linie zwischen der 2. + 3. R. arbeiten. Kettmaschenlinien aufhäkeln, siehe »Allgemeine Hinweise« auf Seite 7. Für den Henkel 17 Lm. in Creme anschlagen, dann 1 R. f.M. arbeiten, dabei die 1. f.M. in die 2. Lm. ab Nadel häkeln. In der 2. R. erneut f.M. in die Lm. des Lm.-Anschlages arbeiten, dabei werden die zuvor gehäkelten f.M. umhäkelt, es entsteht ein dickes Band. Bandenden auf der Rückseite festnähen.

MATERIAL

Baumwollhäkelgarn Lyric 8/8 von Coats in Creme 502 und Blau 555 (für ein Topflappenpaar werden 2 Knl. in Creme und 1 Knl. in Blau benötigt); Häkelnadel Nr. 3,5

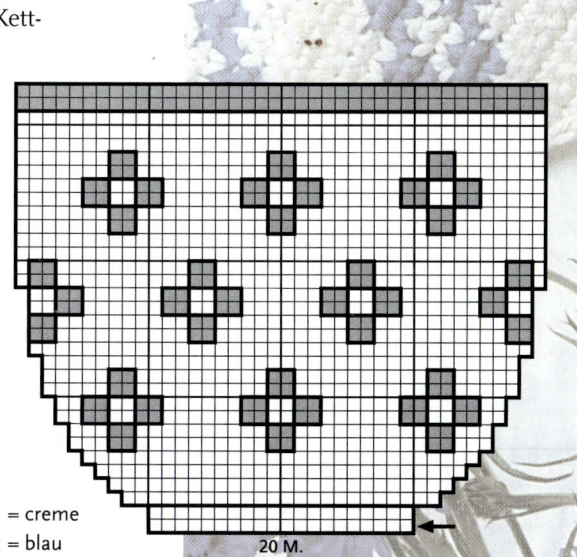

☐ = creme
▨ = blau

20 M.

Kachel

MATERIAL

Baumwollhäkelgarn Lyric 8/8 von
Coats in Creme 502 und Blau 555
(für ein Topflappenpaar werden je
1 Knl. in Creme und 1 Knl. in Blau
benötigt); Häkelnadel Nr. 3,5

Größe: ca. 21 x 21 cm
Grundmuster: Lt. Zm. f.M. in Hin- und
Rück-R. häkeln. Arbeiten nach Zm. siehe
»Allgemeine Hinweise« auf Seite 6. Für
das Jacquardmuster den unbenutzten
Faden jeweils mit dem Arbeitsfaden über-
häkeln, beim Farbwechsel die letzte M.
einer Farbe jeweils mit der folgenden Farbe

abm. Bei den R. ohne Jacquardmuster
beim Farbwechsel die Fäden miteinander
verkreuzen.
Maschenprobe: 10 M. x 10 R. ergeben
5 x 5 cm.
Ausführung: 41 Lm. anschlagen = 20 Lm.
in Creme + 21 Lm. in Blau. Im Grundmuster arbeiten, beim Pfeil beginnen =
40 f.M. pro R. In der 2. R. nach der letzten
cremefarbenen M. den cremefarbenen
Faden bis zum R.-Ende mit dem blauen
Faden überhäkeln (im Zm. durch eine
durchgezogene Linie mit Pfeil gekenn-
zeichnet). Somit liegen für das Jacquardmuster beide Farben am R.-Anfang. In
der 19. + 20. R. ebenso verfahren. In der
21., 22. und 39. R. den blauen Faden mit
dem cremefarbenen Faden überhäkeln.
Nach der letzten R. Teil wenden und Topflappen mit Km. in der entsprechen-
den Farbe umhäkeln, dafür mit
mehreren Knl. arbeiten und nach
der letzten M. einer Farbe den
Faden hängen lassen. Rd. mit einer
Km. schließen. Dann mit einer Lm.
wenden und von der Rückseite aus
noch 1 Rd. Km. häkeln, dabei in das
vordere (= halbe) Abmaschglied der
Vor-Rd. einstechen. Am Rd.-Ende
für den Aufhänger 15 Lm. anschlagen, die Nadel aus der Schlinge
nehmen, Teil wenden, auf der Vorderseite in den Eckpunkt einstechen, Schlinge durchholen und den
Lm.-Ring mit f.M. dicht umhäkeln.

☐ = creme
▨ = blau

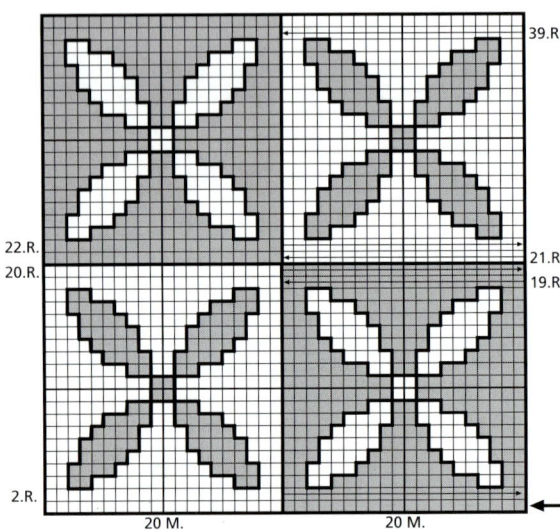

39.R.

22.R.
20.R.

21.R.
19.R.

2.R.

20 M.   20 M.

Häuschen

MATERIAL

Baumwollhäkelgarn Lyric 8/8 in Dunkelgrün 556 *, Beige 503, Blau 511*, Hellblau 509*, Rotbraun 565; Baumwollhäkelgarn Lyric 8/4 in Blau 511* (für ein Topflappenpaar wird je 1 Knl. benötigt, für die mit * gekennzeichneten Farben reichen Garnreste in entsprechender Stärke); Rest Anchor Sticktwist in Rot, Grün und Dunkelgrau, alle Garne von Coats; Häkelnadel Nr. 3,5 und 2,5

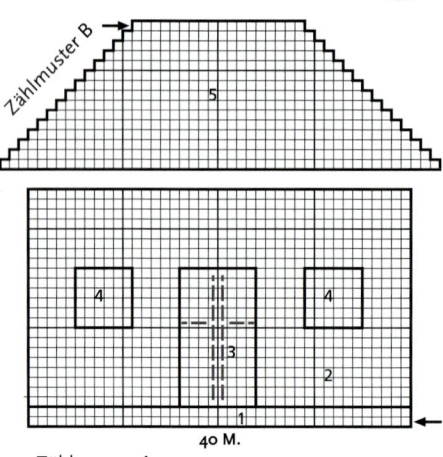

Zählmuster A

1 = dunkelgrün
2 = beige
3 = blau
4 = hellblau
5 = rotbraun

Größe: ca. 20 x 17,5 cm

Grundmuster I: Lt. Zm. f.M. in Hin- und Rück-R. häkeln. Arbeiten nach Zm. siehe »Allgemeine Hinweise« auf Seite 6. Die Farbflächen mit mehreren Knl. arbeiten. Beim Farbwechsel die Fäden auf der Rückseite verkreuzen und die letzte M. einer Farbe jeweils mit der folgenden Farbe abm.

Maschenprobe: 10 M. x 11 R. ergeben 5 x 5 cm.

Grundmuster II: Lt. Zm. f.M. in Hin- und Rück-R. häkeln, dabei ab der 2. R. die f.M. jeweils in das hintere (= halbe) Abmaschglied der Vor-R. häkeln.

Ausführung: 41 Lm. in Dunkelgrün anschlagen. Im Grundmuster I lt. Zm. A arbeiten, beim Pfeil beginnen = 40 f.M. pro R. Für das Dach 19 Lm. anschlagen. Im Grundmuster II lt. Zm. B arbeiten. An der oberen Dachkante beginnen, siehe Pfeil, die 1. f.M. in die 2. Lm. ab Nadel häkeln = 18 f.M. in der 1. R. Das Dach mit Vorstichen so auf das Haus nähen, dass es beidseitig gleichmäßig übersteht, dabei jeweils zwischen der letzten und vorletzten R. von Haus und Dach ein- und ausstechen. Für die Fensterläden 4 Lm. mit Lyric 8/4 in Blau mit Häkelnadel Nr. 2,5 anschlagen und f.M. in Hin- und Rück-R. häkeln, dabei ab der 2. R. die f.M. in das hintere (= halbe) Abmaschglied der Vor-R. arbeiten. Nach der 8. R. die Fensterläden mit Km. umhäkeln. Mit dem gleichen Garn an der oberen Kante der Fenster Km.-Linien aufhäkeln, siehe »Allgemeine Hinweise«

auf Seite 7. Fensterläden an der Innen-
kante entlang an die Fenster nähen.

Mit dem dickeren blauen Garn das
Fensterkreuz mit Spannstichen aufsticken.
Die Blümchen mit ganzfädigem Sticktwist
aufsticken, dafür an der unteren Kante der
Fenster Spannstiche in Grün ganz dicht
aufsticken, dann mit Rot einige Knötchen-
stiche sticken. Mit Dunkelgrau unterhalb
des Grüns eine Steppstichlinie mit doppeltem Faden aufsticken.

Mit einem Rest dunkelblauem Garn
Steppstiche lt. Zm. A auf die Tür sticken,
die Fensterläden jeweils oben und unten
mit Spannstichen festnähen.

Für den Aufhänger in der Mitte der
Dachkante anketten, 15 Lm. häkeln, die
Nadel aus der Schlinge nehmen, in die
Ankettstelle einstechen, Schlinge durch-
holen und den Lm.-Ring mit f.M. dicht
umhäkeln.

Tannenbaum

MATERIAL

Baumwollhäkelgarn Lyric 8/8 von
Coats in Rot 508, Grün 512,
Dunkelgrün 556* und Gelb 524*
(für ein Topflappenpaar werden
2 Knl. in Rot und 1 Knl. in Grün 512
benötigt, für die mit *
gekennzeichneten Farben reichen
Reste in entsprechender Stärke);
Häkelnadel Nr. 3,5

Größe: ca. 20 x 20 cm

Grundmuster: Lt. Zm. f.M. in Hin- und Rück-R. häkeln. Arbeiten nach Zm. siehe »Allgemeine Hinweise« auf Seite 6. Die Farbflächen mit mehreren Knl. arbeiten. Beim Farbwechsel die Fäden auf der Rückseite verkreuzen und die letzte M. einer Farbe jeweils mit der folgenden Farbe abm.

Maschenprobe: 10 M. x 10 R. ergeben 5 x 5 cm.

Ausführung: 40 Lm., d. h. 16 Lm. in Rot, 7 Lm. in Dunkelgrün, und 17 Lm. in Rot anschlagen. Beim Abzählen der Lm. beachten, dass beim Farbwechsel, d. h. wenn der Faden der 2. Farbe durch die auf der Nadel liegende Schlinge geholt wird, noch 1 Lm. in der zuvor verwendeten 1. Farbe gebildet wird. Im Grundmuster arbeiten, beim Pfeil beginnen = 39 f.M. pro R. Nach der vorletzten R. für den Aufhänger 15 Lm. häkeln, die Nadel aus der Schlinge nehmen, von der Vorderseite aus in den Eckpunkt einstechen, Schlinge durchholen und den Lm.-Ring mit f.M. dicht umhäkeln, danach die letzte R. anfügen.

Für den Stern mit Gelb 4 Lm. anschlagen, 1 f.M. in die 2. Lm. ab Nadel häkeln, dann 1 Stb. und 1 Dstb. in die folgenden Lm. arbeiten = 1. Zacke. Danach * 3 Lm. anschlagen, 1 f.M. in die 2. Lm. ab Nadel häkeln, 1 Stb. in die folgende Lm., dann 1 Dstb. in das Dstb. der davor liegenden Zacke häkeln, dafür das vordere Abmaschglied und den davor liegenden M.-Draht erfassen. Ab * noch 4-mal wiederholen. Nadel aus der Schlinge nehmen, in die Anfangs-Lm. einstechen, Schlinge durchholen und noch 10 Lm. häkeln. Stern lt. Foto auf den Tannenbaum nähen.

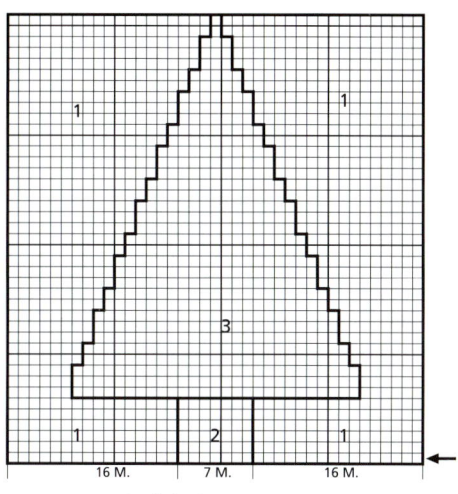

1 = rot   2 = dunkelgrün   3 = grün

Prosit Neujahr

MATERIAL

Baumwollhäkelgarn Lyric 8/8 von Coats in Nachtblau 529, Grau 591*, Pink 525*, Gelb 524* und Orange 537* (für ein Topflappenpaar werden 2 Knl. in Nachtblau benötigt, für die mit * gekennzeichneten Farben reichen Garnreste in entsprechender Stärke); Häkelnadel Nr. 3,5

Größe: ca. 20 x 20 cm

Häkelschriftzeichen auf Seite 7

Grundmuster I: Lt. Hs. arbeiten. In der 1. R. das 1. h.Stb. in die 3. Lm. ab Nadel häkeln. Nach der 1. R. die 2. und 3. R. fortlaufend wiederholen, dabei jeweils mit 2 Lm. wenden und die h.Stb. zwischen 2 h.Stb. der Vor.-R. arbeiten.

Maschenprobe: 8,5 h.Stb. x 8 R. ergeben 5 x 5 cm.

Grundmuster II: f.M. in Hin- und Rück-R. häkeln, siehe auch Hs. auf Seite 6, »Gerade Ränder«.

Maschenprobe: 10 M. x 10 R. ergeben 5 x 5 cm.

Ausführung: In Nachtblau 36 Lm. anschlagen, im Grundmuster I arbeiten = 34 h.St. pro R. Nach der 28. R. (= in 17 cm Höhe) mit Pink im Grundmuster II weiterarbeiten, dabei die Wende-Lm. bereits mit Pink arbeiten und in der 1. R. 6 M. zunehmen, d. h. in das 2. h.Stb., dann noch 5-mal in jedes 6. folgende h.Stb. 2 f.M. arbeiten = 40 f.M. pro R. Insgesamt 6 R. häkeln = 2 R. in Pink, 2 R. in Gelb und 2 R. in Orange. Am Ende der letzten R. für den Aufhänger 15 Lm. anschlagen, die Nadel aus der Schlinge nehmen, von der Vorderseite aus in den Eckpunkt einstechen, Schlinge durchholen und den Lm.-Ring mit f.M. dicht umhäkeln. Dann die Topflappenoberkante mit 1 R. Km. überhäkeln.

Für die Gläser mit Grau lt. Zm. A Km.-Linien aufhäkeln, siehe auch Seite 7.

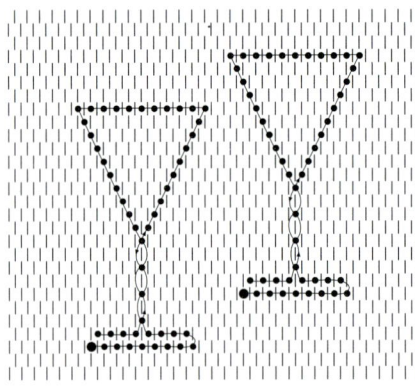

Zählmuster A

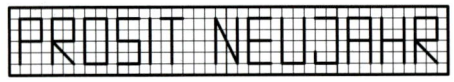

Zählmuster B

Grundmuster 1

44

Die senkrechten Striche stellen die h.Stb. dar – die Wende-Lm. sind nicht einge-zeichnet –, die Punkte markieren die Ein-stechstellen für die Km.-Linie. Beim dicken Punkt beginnen, d. h. an dieser Stelle den Faden von unten zur Schlinge durchholen. Weiter der dünnen Linie folgend für jeden Punkt zwischen 2 h.Stb. einstechen und die Schlinge durchholen. Beim Stiel die Schlingen etwas länger ziehen, da hier die Km. über 2 R. in der Höhe gearbeitet werden. Nach der letzten Km. den Faden abschneiden und auf die Vorderseite ziehen. Das Fadenende mit einer Sticknadel unter die Anfangs-Km. führen und in die letzte Km. einstechen. Innerhalb der Gläser mit Gelb eine Km-Linie häkeln. Am linken Glasrand in der 3. R. unterhalb der grauen Linie beginnen, dann in Zickzacklinien bis zur unteren Spitze arbeiten, an den Rändern bis zu den Einstichpunkten der grauen Linie arbeiten.

Den Schriftzug lt. Zm. B mit Spann-stichen in Nachtblau, die Sternchen in unterschiedlichen Größen aufsticken.

Kleeblatt

Größe: ca. 20 cm ø

Grundmuster: Lt. Zm. f.M. in Hin- und Rück-R. arbeiten. Arbeiten nach Zm. siehe »Allgemeine Hinweise« auf Seite 6.

Maschenprobe: 10 M. x 11 R. ergeben 5 x 5 cm.

Ausführung: 2 Lm. anschlagen. Im Grundmuster arbeiten, beim Pfeil beginnen, die 1. f.M. in die 2. Lm. ab Nadel häkeln. Nach der 18. R. zuerst die rechte Hälfte beenden. Danach die Nadel in die mittlere M. der 18. R. einstechen, den Faden durchholen und die linke Hälfte anhäkeln. Insgesamt 4 Blätter arbeiten und jeweils mit 2 Rd. Km. überhäkeln, dabei in der 2. Rd. in das hintere (= halbe) Abmaschglied der Vor-Rd. einstechen. Die Blätter aneinander legen und zusammennähen, dafür mit einer Sticknadel ohne Spitze jeweils die Km. zweier nebeneinander liegender Blätter erfassen und den Faden durchziehen. Diese Verbindungsstiche in einer Zickzacklinie von der Spitze aus über ca. 12 R. nach oben ausführen. Für den Aufhänger 20 Lm. anschlagen, mit einer Km. zur Rd. schließen. Lm.-Ring mit f.M. dicht umhäkeln. Aufhänger auf der Rückseite festnähen.

MATERIAL

Baumwollhäkelgarn Lyric 8/8 von Coats in Grün 512 (für ein Topflappenpaar werden 2 Knl. benötigt); Häkelnadel Nr. 3,5

18 R.

Wir danken den Firmen Coats und Prym für die Unterstützung bei diesem Buch.

Die Deutsche Bibliothek – CIP-Einheitsaufnahme
Ein Titeldatensatz für diese Publikation ist bei Der Deutschen Bibliothek erhältlich.
ISBN 3-332-01283-5

www.dornier-verlage.de
www.urania-ravensburger.de
1. Auflage September 2001
© 2001 Urania Verlag, Berlin
Der Urania Verlag ist ein Unternehmen der Verlagsgruppe Dornier.
Alle Rechte vorbehalten.
Umschlaggestaltung: Behrend & Buchholz, Hamburg
Fotos: Sabine Münch, Berlin
Modelle: Anne Thiemeyer
Lektorat: Eva Hauck
Gestaltung und Layout: Berliner Buchwerkstatt, Ulrike Sindlinger / Britta Dieterle
Druck: Messedruck Leipzig GmbH
Printed in Germany

Gedruckt auf alterungsbeständigem Papier mit chlorfrei gebleichtem Zellstoff.

Die Schreibweise entspricht den Regeln der neuen Rechtschreibung.